UNE DICTATURE

UNE

DICTATURE

PAR

Ferdinand DREYFUS

Rédacteur en Chef de l'AVENIR DE LA SARTHE

Prix : 15 cent.

LE MANS

1874

UNE DICTATURE

Nova antiqua,
Antiqua nova.

Lucius Sylla était le plus grand général de Rome depuis que Rome n'avait plus de grands généraux : Fabius était mort ; César et Pompée n'étaient encore que des enfants.

Sylla avait ferraillé un peu partout, tantôt vainqueur, tantôt vaincu. Battu par les Parthes, ne sachant plus que faire et s'ennuyant au fond de l'Asie, il était revenu et il avait triomphé des Romains aux portes de Rome.

Ce triomphe coûta cher à la République; mais Sylla avait fondé son pouvoir.

Pourquoi ces luttes? Pourquoi ces triomphes?

C'est que Sylla avait résolu de sauver la société.

A vrai dire, un sauveur était nécessaire : les passions les plus funestes étaient déchaînées; le Sénat avait perdu son antique prestige, les patriciens n'avaient conservé de leurs pères que la morgue et l'étroitesse de jugement, sans avoir ni leur courage ni leur esprit de suite dans les desseins politiques.

La Religion était en danger : les augures et les pontifes ne pouvaient plus se regarder sans rire.

Le peuple, montant toujours, demandait par

la voix de ses tribuns le droit pour tous d'aspirer aux magistratures politiques et (ironie populaire) au pontificat d'une religion à laquelle il ne croyait plus.

Vous le voyez : le péril social était grand, l'aristocratie et le clergé allaient sombrer : un sauveur était nécessaire.

Mais là ne s'arrêtait pas l'audace de la tourbe de Rémus, de la plèbe infime. Non ! Peu content de conquérir les honneurs civils et religieux, peu satisfait de régner en maître dans la ville aux Sept-Collines, le peuple Romain osait réclamer le mariage des fils de plébéiens avec les nobles descendantes des sénateurs, des patriciens et des chevaliers.

C'était le comble des audaces plébéiennes, l'ordre moral était menacé, la société ébranlée jusque dans ses fondements, les bases sociales entraînées par le courant démagogique allaient disparaître dans le gouffre. Un sauveur était nécessaire.

C'était donc pour sauver la société en péril que Lucius Sylla avait pris dans ses mains le pouvoir dictatorial.

Qui donc en eût été le plus digne ?

Sylla n'était-il pas le plus loyal soldat qu'on pût trouver dans les légions de la République ? Et la preuve, c'est qu'il était soutenu par les honnêtes gens, par ce grand parti des honnêtes gens qui plus tard avec Cicéron fit périr Catilina, coupable de réclamer des réformes sociales.

Vous le voyez : la société romaine pouvait vivre tranquille, la confiance et la prospérité ne pouvaient plus faire défaut : Sylla était dictateur et Rome avait un lendemain.

Hélas ! pourquoi faut-il que les plus grands

hommes aient leurs détracteurs ? Pourquoi en tous temps et tous pays rencontrez-vous des esprits taquins qui font discordance au milieu du concert universel et ne trouvent qu'à blâmer où tous autres s'extasient en louanges?

Sylla ne manquait pas à cette loi des grands hommes et malgré ses grandes vertus et son haut esprit il n'était pas populaire.

On le supportait, mais on ne l'aimait pas; on ne le craignait pas, on l'estimait encore moins.

Il était, disait-on, l'instrument de quelques pères conscrits, de quelques patriciens ambitieux qui se dissimulaient derrière son nom jadis populaire pour mieux assouvir leurs rancunes et mieux sauvegarder leurs intérêts personnels.

Tant il est vrai que quand on foule aux pieds toutes les lois du respect humain il n'est pas de soupçons à la honte desquels on ne soit exposé !

Mais parmi tous ces opposants, dans cette foule d'ennemis silencieux, deux hommes étaient restés debout.

Tous deux fils de grandes familles illustrées par les services rendus à la République, tous deux étaient restés fermes devant la tyrannie et devant l'usurpation de la souveraineté populaire.

C'étaient de grands caractères : naïfs peut-être car la grandeur des sentiments et le respect des choses passées sont, vous le savez, incompatibles avec la grande politique et la direction des affaires.

Un homme d'état digne de ce nom n'a ni cœur, ni scrupules, il ne connaît que la logique et l'intérêt. Or, nos deux Romains étaient évidemment incomplets, c'étaient de grands cœurs mais de petits esprits ; ils croyaient que dans le gouvernement des hommes il y a place pour autre chose que l'intérêt et le raisonnement.

O faiblesse humaine ! et pour pourquoi deux hommes que leur nom, leur passé, leurs talents désignaient aux premières places de l'Etat étaient-ils d'un caractère aussi petit, aussi faible, aussi enfantin ?

Qui étaient-ils donc ces opposants ?

L'un s'appelait Tiberius Sempronius Gracchus, cousin des deux fameux tribuns du peuple ; l'autre avait nom Labienus, c'était le père du lieutenant qui refusa de traverser le Rubicon avec César ; le bisaïeul de celui qui refusait de lire les livres d'Octave.

Labienus était resté dans Rome ; il se disait que la liberté ne pouvait subir une si longue éclipse ; quels que fussent les attentats commis, la République n'était pas moins le fait légal établi, consacré et le nom conservé ferait retrouver la chose perdue : il était resté au poste.

Gracchus, au contraire, avait quitté son pays, il s'était réfugié en Grèce, à Athènes et là, dans l'exil, désespérant de l'avenir de la République et de la liberté il se consolait dans l'étude de la philosophie et de la sagesse Hellène.

Le vaillant guerrier de la Porte-Colline avait quitté l'épée. « Puisqu'elle ne me servirait plus qu'à défendre la tyrannie, avait-il dit à Labienus en l'embrassant une dernière fois, je la dépose ; que les armes cèdent désormais la place aux instruments de la science, aux livres et à l'éloquence. »

Mais ce désintéressement de la chose publique était plus affecté que réel ; il ne pouvait oublier qu'à quelques journées de lui se trouvait cette ville à qui les destins avaient promis l'empire du monde et que le peuple roi était esclave.

Malgré lui il était inquiet et quelquefois il écrivait à Labienus pour avoir des nouvelles.

C'est d'un manuscrit du ve siècle, retrouvé à la bibliothèque du Mont-Athos que nous avons extrait ce fragment d'une réponse de Labienus à Gracchus. Nous ne pouvons vous en donnner les termes exacts, mais en voici le sens :

. . . .

« Prendre le **pouvoir**, c'est bien ! Le conserver, c'est mieux.

« Mais pour le conserver, il faut le définir.

« Or le pouvoir de Sylla n'est ni défini, ni définissable.

« Est-ce la République ?

« Non ! les libertés politiques sont mortes.

« Est-ce l'Empire ou la Royauté ?

« Non ! Sylla n'est pas du bois dont on fait les empereurs ou les rois.

« Il ne descend pas de Priam comme Romulus, il n'est pas comme le sera César, petit-fils de Vénus… il n'a pour lui ni l'histoire ni la légende.

« Assez ambitieux pour être dictateurs, il n'est ni assez habile, ni assez corrompu pour braver ouvertement le peuple.

« Qu'est-il donc ce pouvoir de Lucius Sylla ?

« C'est un anonymat hybride, incomplètement monarchique, encore moins républicain ; ayant de la Royauté les vices, ayant de la République le nom ; rendant la première impossible et faisant haïr la seconde par les sots et les niais qui, comme on sait, sont nombreux en tous temps et tous pays.

« La dictature de Sylla, c'est le règne de la force, de la violence et de l'arbitraire.

« Mais comme la franchise est la première qualité qui lui est défendue : sa force est hypocrite, sa violence dissimulée, son arbitraire punique.

« Singuliers pouvoir en toutes choses que ceux de Lucius Sylla, ni chair, ni poisson.

« S'il faut en croire la logique des choses, si les événements humains sont réellement régis par des lois immuables, ce pouvoir hermaphrodite n'a aucune chance de durée et devant l'impossibilité qui s'accuse tous les jours plus, Sylla doit abdiquer s'il ne veut pas être précipité.

« Qu'il s'en souvienne, la Roche Tarpeïenne est à côté du Capitole. »

. . . .

A peine Gracchus avait-il lu cette missive qu'un

esclave arrivait de Rome avec ces quelques mots écrits de la main de Labienus :

« *La patrie est sauvée.*

« *Le dictateur a abdiqué.* »

FIN

www.ingramcontent.com/pod-product-compliance
Lightning Source LLC
LaVergne TN
LVHW010257030726
842520LV00007B/2983